BEI GRIN MACHT SICH IHR WISSEN BEZAHLT

- Wir veröffentlichen Ihre Hausarbeit, Bachelor- und Masterarbeit

- Ihr eigenes eBook und Buch - weltweit in allen wichtigen Shops

- Verdienen Sie an jedem Verkauf

Jetzt bei www.GRIN.com hochladen und kostenlos publizieren

Tamara Rachbauer

PrimarWebQuests im Sachunterricht

Erfolgreiche Medieneinsatz in einer Lehr-/Lernsituation. Beispiel, Analyse und Reflexion

GRIN Verlag

Bibliografische Information der Deutschen Nationalbibliothek:

Die Deutsche Bibliothek verzeichnet diese Publikation in der Deutschen Nationalbibliografie; detaillierte bibliografische Daten sind im Internet über http://dnb.d-nb.de/ abrufbar.

Dieses Werk sowie alle darin enthaltenen einzelnen Beiträge und Abbildungen sind urheberrechtlich geschützt. Jede Verwertung, die nicht ausdrücklich vom Urheberrechtsschutz zugelassen ist, bedarf der vorherigen Zustimmung des Verlages. Das gilt insbesondere für Vervielfältigungen, Bearbeitungen, Übersetzungen, Mikroverfilmungen, Auswertungen durch Datenbanken und für die Einspeicherung und Verarbeitung in elektronische Systeme. Alle Rechte, auch die des auszugsweisen Nachdrucks, der fotomechanischen Wiedergabe (einschließlich Mikrokopie) sowie der Auswertung durch Datenbanken oder ähnliche Einrichtungen, vorbehalten.

Impressum:

Copyright © 2009 GRIN Verlag GmbH
Druck und Bindung: Books on Demand GmbH, Norderstedt Germany
ISBN: 978-3-656-73021-7

Dieses Buch bei GRIN:

http://www.grin.com/de/e-book/279334/primarwebquests-im-sachunterricht

GRIN - Your knowledge has value

Der GRIN Verlag publiziert seit 1998 wissenschaftliche Arbeiten von Studenten, Hochschullehrern und anderen Akademikern als eBook und gedrucktes Buch. Die Verlagswebsite www.grin.com ist die ideale Plattform zur Veröffentlichung von Hausarbeiten, Abschlussarbeiten, wissenschaftlichen Aufsätzen, Dissertationen und Fachbüchern.

Besuchen Sie uns im Internet:

http://www.grin.com/

http://www.facebook.com/grincom

http://www.twitter.com/grin_com

PrimarWebQuests im Sachunterricht

Erfolgreiche Medieneinsatz in einer Lehr-/Lernsituation – Beispiel, Analyse und Reflexion

Arbeitsauftrag 1, 2 und 4 der Online-Vorphase im Modul 01 – Medienpädagogik und -didaktik

vorgelegt von: *Tamara Rachbauer,*

Inhaltsverzeichnis

1 Arbeitsauftrag 1 1

2 PrimarWebQuests – Schnitzeljagd im Internet 2

3 Ziele, die durch den Medieneinsatz verfolgt wurden 3

4 Zielgruppe 5

5 Inhalte, welche durch den Einsatz der Medien vermittelt wurden 6

6 Das unterrichtsmethodische Vorgehen 7

    6.1 PrimarWebQuest-Methode 7

    6.2 Das detaillierte unterrichtsmethodische Vorgehen 7

7 Gründe zum Einsatz des Mediums 9

8 Was (neben den Inhalten) noch über die Medien vermittelt wurde 10

9 Arbeitsauftrag 2 11

10 Medienkompetenz nach Baacke 12

    10.1.1 Medienkritik 12

    10.1.2 Medienkunde 13

    10.1.3 Mediennutzung 13

    10.1.4 Mediengestaltung: 14

11 Arbeitsauftrag 4 15

    11.1 Begriffszuordnungen 16

        11.1.1 Problemlösungsautomat 16

        11.1.2 Sprachentwicklungsmaschine 16

        11.1.3 Simulationsmaschine 16

        11.1.4 Kommunikationsmaschine 16

        11.1.5 Bildschirmgestaltungsmaschine 16

        11.1.6 Schlüsselloch 16

        11.1.7 Superzeichenmaschine 16

11.2 Rückspiegelung der im Präsenztermin und in den Onlineaufgaben erworbenen Erkenntnisse auf die Unterrichtssituation aus Aufgabe 1 17

1 Arbeitsauftrag 1

Wir sollten schriftlich ein gutes Beispiel für einen von uns durchgeführten, erfolgreichen Medieneinsatz im Unterricht beschreiben und dabei folgende Punkte berücksichtigen.

- Ihre *Ziele*, welche Sie durch die Präsentation verfolgt haben,

- die *Zielgruppe*,

- die *Inhalte*, welche Sie durch den Einsatz von Medien vermittelt haben,

- das *unterrichtsmethodische Vorgehen*,

- die *Gründe*, die Sie zum Einsatz diesen Mediums bewogen haben und

- *was* (neben dem Inhalt) *über die Medien noch vermittelt* wurde.

Vorgehen:

- Formulieren Sie Ihr Beispiel. Sinnvoll ist es, wenn Sie die in der Aufgabenstellung genannten Punkte als Gliederung verwenden.

Ergebnis: Das Ergebnis ist das schriftlich dargestellte Beispiel. Der Umfang sollte ca. 2 A4 Seiten betragen.

Kriterien: Diese Aufgabe ist sehr gut bewältigt, wenn das Beispiel mit den oben angegebenen Dimensionen beschrieben wurde. Darüber hinaus sollte das Beispiel für die anderen TeilnehmerInnen verständlich dargestellt sein, also möglichst keine besonderen Kenntnisse eines Faches voraussetzen.

Zeitrahmen: Die Formulierung des Beispieles sollte nicht mehr als 5 Stunden in Anspruch nehmen. Die Lektüre der anderen Antworten und die eventuelle Überarbeitung können ebenfalls bis zu 5 Stunden umfassen.

Begründung: Diese Aufgabe dient der Erarbeitung eines Anlasses der theoretischen Reflexion. Es wird in späteren Aufgaben darum gehen, das hier beschriebene Beispiel mit Hilfe theoretischer Überlegungen zu analysieren und weiterzuentwickeln. Darüber hinaus geht es auch darum, Ideen über die Medienarbeit im Unterricht auszutauschen.

2 PrimarWebQuests – Schnitzeljagd im Internet

Aufgrund einiger Artikeln in regionalen Wochenzeitungen, die sich mit Volkssagen, lokaler Geschichte, Weihnachts- und Osterbräuchen aus dem Bezirk Braunau beschäftigten, entwickelten die „älteren" SchülerInnen (Grundstufe II) der Volksschule, an welcher ich E-Learning- und Webbetreuerin bin, ein verstärktes Interesse an lokaler Geschichte und Brauchtum. Viele dieser Zeitungsartikel wurden deshalb auch zur Unterstützung des historischen Lernens im Sachunterricht eingesetzt.

Da es in der Volksschule bereits eine gezielte Mischung aus klassischem Präsenzlernen und E-Learning gibt (Edumoodle und Schulwiki), fragten mich die LehrerInnen, ob es nicht eine Möglichkeit gäbe, die Vermittlung regionaler Geschichte und Brauchtum in den 3. und 4. Klassen onlinegestützt durchzuführen.

Deshalb habe ich vorgeschlagen, PrimarWebQuests zur Unterstützung des historischen Lernens im Sachunterricht einzusetzen, da hier sowohl die traditionellen Medien wie Bücher als auch die neuen Informationstechnologien wie Computer und Internet Verwendung finden.

PrimarWebQuests sind speziell auf die Anforderungen des Grundschulunterrichts abgestimmte WebQuests. Die Methode des PrimarWebQuest wurde im Rahmen des Projektes „Lehr@mt - Medienkompetenz in der Lehrerbildung" entwickelt.

Computer und Internet haben schon seit längerer Zeit auch die Klassenzimmer der Grundschule erobert. Das schnelle Zusammentragen von Informationen per Mausklick birgt aber auch zahlreiche Probleme in sich. Denn die im Internet gesammelten Informationen lassen sich zum Teil schwer auf ihre Richtigkeit hin überprüfen, und auch das Finden der für die Aufgaben passenden Informationen ist vor allem für GrundschülerInnen oft mit großen Schwierigkeiten verbunden. So wird zwar häufig die Technik genutzt, aber das eigentliche Ziel der Schule sollte vor allem die Vermittlung der Medienkompetenz sein. Gleichzeitig sollten Hilfestellungen gegeben werden, wie Informationen ausgewählt und auf ihren Wahrheitsgehalt überprüft werden können.

PrimarWebQuests werden meist in Gruppenarbeit und am Computer durchgeführt. LehrerInnen stellen den SchülerInnen Aufgaben in der strukturierten Form von PrimarWebQuests, die sowohl durch Internetrecherchen aber auch mit Hilfe von klassischen Medien wie z. B. Sachbüchern gelöst werden sollen. Durch die Vorgabe der Internetquellen im PrimarWebQuest kann weitgehend verhindert werden, dass sich die SchülerInnen im Internet verlieren und ihre Frustrationstoleranz durch das „ergoogeln" von Informationen überschritten wird.

Gerade junge Menschen, die Computer und Internet häufig nutzen (und das sind in der Altersgruppe der GrundschülerInnen nicht wenige) erhalten durch diese Form des onlinegestützten Lernens weitere Möglichkeiten, sich Wissen anzueignen, zu erweitern und zu vertiefen.

Da sich der Einsatz von PrimarWebQuests an der Volksschule bestens bewährt hat, möchte ich diesen Medieneinsatz im Unterricht hier genauer vorstellen.

3 Ziele, die durch den Medieneinsatz verfolgt wurden

Sachkompetenz

- Die SchülerInnen können die Entstehung und Bedeutung von Ortswahrzeichen, das Leben und Wirken regionalhistorischer Persönlichkeiten, die Entstehung und die Geschichte bedeutsamer Kulturdenkmäler der unmittelbaren Umgebung, die historischen Wurzeln einiger regionaler Bräuche und die Handlungen verschiedener Volkssagen aus der regionalen Umgebung nach der Bearbeitung der entsprechenden PrimarWebQuests mit eigenen Worten in einem Sachtext niederschreiben und mündlich in einer Präsentation vor den MitschülerInnen wiedergeben.

Sozialkompetenz

- Die SchülerInnen können durch die in den PrimarWebQuests gestellten Aufgaben, welche in Einzelarbeit, in Tandems, Projekt- oder Kleingruppen durchzuführen sind, ohne größere Absprachen jederzeit zwischen den unterschiedlichen Sozialformen wechseln.

- Die SchülerInnen können durch das kooperative und kollaborative Arbeiten an den in den PrimarWebQuests gestellten Aufgaben ihre selbstständig und gemeinsam erarbeiteten Ergebnisse in die Gruppenarbeit integrieren und dabei auftretende Konflikte gemeinsam in der Gruppe lösen.

- Die SchülerInnen können durch gegenseitige Absprachen innerhalb der Kleingruppen, ohne größere Konflikte, Regelungen für die zeitliche Nutzung der Computer-Arbeitsplätze treffen und auch einhalten.

- Die SchülerInnen können selbstständig überprüfen, inwieweit sie die Anforderungen an eine gelungene Arbeit erfüllt haben, indem sie ihre Arbeitsergebnisse mit dem in den PrimarWebQuests vorgegebenen Anforderungsprofilen vergleichen und ihre Einschätzungen in einem verlinkten Reflexionsbogen festhalten.

- Die SchülerInnen können durch Vorbereiten und Üben der Abschlusspräsentation innerhalb der Kleingruppe ihre Arbeitsergebnisse aus den PrimarWebQuests vor den MitschülerInnen präsentieren.

- Die SchülerInnen können durch die abschließenden LehrerInnen-SchülerInnen- und SchülerInnen-SchülerInnen-Feedbackrunden Verbesserungsvorschläge sowohl für die eigene Abschlusspräsentation, als auch für die Abschlusspräsentationen der anderen Gruppen mit eigenen Worten formulieren.

Medienkompetenz

- Durch das Aufrufen der in den PrimarWebQuests vorgegebenen Internetquellen können die SchülerInnen gezielt Internetadressen ansteuern und innerhalb dieser vorgegebenen Internetseiten zielgerichtet suchen und navigieren.

- Die SchülerInnen können durch das Analysieren der in den PrimarWebQuests vorgegebenen Internetseiten und/oder Bücher der Schulbibliothek Sachinformationen aus diesen Textquellen ergebnisorientiert herausarbeiten und als Vortragsstichpunkte auf Notizzettel niederschreiben.

Ziele, die durch den Medieneinsatz verfolgt wurden

- Die SchülerInnen können mit Hilfe der erarbeiteten Vortragsstichpunkte Texte für die abschließende Präsentation vorbereiten und im Textverarbeitungsprogramm Word niederschreiben.

- Die SchülerInnen könne die in den PrimarWebQuests integrierten interaktiven Kreuzworträtsel, Lückentexte, Drag&Drop- und MultipleChoice-Übungen lösen.

- Die SchülerInnen können sich durch die eigenständige Arbeit mit dem schuleigenen Wiki an dieser Social Software an- und abmelden.

- Die SchülerInnen können durch das Erstellen ihrer Abschlusspräsentation im schuleigenen Wiki die Word-Texte auf eine Wiki-Seite übertragen und formatieren.

- Die SchülerInnen können durch die grafische Gestaltung ihrer Abschlusspräsentation Bilder in das schuleigene Wiki hoch laden, diese in der Größe anpassen und auf der Wiki-Seite einbinden.

4 Zielgruppe

Die primäre Zielgruppe der PrimarWebQuests sind SchülerInnen, welche die 3. und 4. Klasse der Volksschule besuchen.

Die sekundäre Zielgruppe bilden die LehrerInnen des Pflichtgegenstandes Sachunterricht sowie LehrerInnen anderer Unterrichtsgegenstände, die ergänzend zu ihrem Unterricht die Primar-WebQuests einsetzen möchten.

5 Inhalte, welche durch den Einsatz der Medien vermittelt wurden

- die Entstehung und Bedeutung von Ortswahrzeichen,
- das Leben und Wirken regionalhistorischer Persönlichkeiten,
- die Entstehung und die Geschichte bedeutsamer Kulturdenkmäler der unmittelbaren Umgebung,
- die historischen Wurzeln alt überlieferter aber immer noch ausgeübter traditioneller regionaler Bräuche und
- Handlungen verschiedener Volkssagen aus der regionalen Umgebung.

6 Das unterrichtsmethodische Vorgehen

Um das nachfolgend dargestellte, detaillierte unterrichtsmethodische Vorgehen besser nachvollziehen zu können, erfolgt zunächst eine genaue Beschreibung der PrimarWebQuest-Methode, welche in die fünf Phasen **Einleitung, Projekt, Quellen, Anforderungen und Ausblick** eingeteilt ist.

6.1 PrimarWebQuest-Methode

1. Einleitung

Die Einleitung dient dazu die SchülerInnen auf das Thema der jeweiligen Lernsequenz einzustimmen. Ihr Interesse soll geweckt und Bezüge zur Lebenswelt hergestellt werden. Die Einleitung ist zugleich auch die Startseite und mit allen anderen Phasen verlinkt, so dass die SchülerInnen problemlos zwischen den einzelnen Seiten wechseln können.

2. Projekt

In diesem Bereich gibt es einen kurzen Text, der die Aufgabestellung in einigen Sätzen kurz umreißt, anschließend werden die erforderlichen Arbeitsschritte beschrieben, und zwar der Umgang mit Material und Quellen, Suche und Bearbeitung von Informationen, die Art der Zusammenarbeit sowie die Art der Präsentation.

3. Quellen

Je nach Thema können verschiedene Quellen genutzt werden. Das Internet ist die Standardquelle der PrimarWebQuests, sollte aber in der Regel nicht die einzige bleiben. Es sollte immer darauf geachtet werden, dass die Anzahl der Quellen den Lernvoraussetzungen von GrundschülerInnen angemessen sind. Die richtige Auswahl der Quellen macht das PrimarWebQuest aus. Das Finden und Bereitstellen der für die Primarstufe geeigneten Quellen gestaltet sich oft schwierig. Teilweise ist es daher erforderlich, authentische Quellen für die Zielgruppe anzupassen und erneut im Internet zur Verfügung zu stellen.

4. Anforderungen

Die SchülerInnen erfahren hier, welche Anforderungen an eine sehr gelungene Arbeit gestellt werden. Zudem befindet sich auf der Seite ein Reflexionsbogen, der es den SchülerInnen ermöglicht ihre Arbeit selbst kritisch einzuschätzen. Der ausgefüllte Reflexionsbogen dient dann den LehrerInnen als Grundlage für ein abschließendes LehrerInnen-Kleingruppen-Gespräch.

5. Ausblick

Hier finden interessierte SchülerInnen Möglichkeiten, sich noch weitergehend mit der Thematik des PrimarWebQuests auseinanderzusetzen. So wird wieder eine Verbindung zur Einleitung geschaffen, die den Anschluss an die Lebenswelt ermöglicht und die Verwendung der Erkenntnisse im Alltag anregt. Auch weiterführende Fragestellungen könnten hier angerissen werden und so als Differenzierung verwendet werden.

6.2 Das detaillierte unterrichtsmethodische Vorgehen

Im ersten Schritt erfolgt eine kurze Einführung in das Arbeiten mit PrimarWebQuests durch die LehrerInnen in Form eines Vortrags. Anschließend wird die Einteilung in Kleingruppen mittels LehrerInnen-SchülerInnen-Gespräch vorgenommen.

Das unterrichtsmethodische Vorgehen

Nun beginnt die Arbeit der einzelnen Gruppen mit dem PrimarWebQuest. Nachdem die SchülerInnen die Einleitung, die Aufgabenstellung und die Arbeitsschritte durchgelesen haben, recherchieren sie selbstständig in den vorgegebenen Quellen und notieren sich wichtige Informationen. Auch die Anforderungen an die SchülerInnen werden schon zu Beginn durchgelesen. Dies kann von den SchülerInnen als Hilfestellung genutzt werden, um die an sie gestellten Erwartungen zu erfüllen.

Anschließend verfassen die SchülerInnen in Partner- oder Gruppenarbeit einen ersten Sachtext in einem Textverarbeitungsprogramm (Word). Danach überprüfen die SchülerInnen ihren zum Thema erarbeiteten Wissensstand mittels interaktiven Kreuzworträtseln, Lückentexten, Drag&Drop- und MultipleChoice-Übungen. Sind bei den Lernzielselbstkontrollen Wissenslücken aufgetreten, ist eine erneute Quellenrecherche notwenig und die Sachtexte werden noch einmal überarbeitet.

Darauf erfolgt eine Zwischenphase in Form von Kreisgesprächen oder LehrerInnen-SchülerInnen-Gesprächen, um etwaige technische, methodische oder soziale Probleme zu lösen.

Anschließend übertragen die Gruppen ihre überarbeiteten Texte für die Gruppenpräsentation in die dafür vorgesehene Wiki-Seite und gestalten diese mit passenden Abbildungen.

Kurz vor Abschluss der Lernsequenz präsentieren die SchülerInnen in der Kleingruppe ihre Arbeitsergebnisse den anderen Gruppen und erhalten in der anschließenden Feedbackrunde Verbesserungsvorschläge und können gegebenenfalls weitere Überarbeitungen oder Ergänzungen vornehmen.

Abschließend nehmen die SchülerInnen eine Selbsteinschätzung vor, indem sie den verlinkten Reflexionsbogen bearbeiten. Inwieweit die auf diesem Reflexionsbogen aufgeführten Bewertungskriterien erfüllt wurden, muss die Gruppe selbst einschätzen. So wird sichergestellt, dass sich die SchülerInnen auch tatsächlich nochmals mit den an sie gestellten Anforderungen beschäftigen. Danach findet ein Gespräch mit der jeweiligen Kleingruppe zu deren Selbstbewertung statt, in dem zuerst die SchülerInnen Gelegenheit erhalten, ihre Bewertung zu begründen und anschließend die Position der LehrerInnen geklärt und begründet wird.

Nach Abschluss der Lernsequenz erhalten alle SchülerInnen die Möglichkeit den durchgeführten PrimarWebQuest konstruktiv zu bewerten, indem sie den verlinkten Evaluationsbogen bearbeiten. Darauf folgt ein LehrerInnen-SchülerInnen-Gespräch, bei dem die SchülerInnen ihre Erfahrungen mit dem PrimarWebQuest verbalisieren und die LehrerInnen nach der Methode des lauten Denkens ein Protokoll dieser ausgesprochenen Gedanken anfertigen.

7 Gründe zum Einsatz des Mediums

- **Gute Eignung für Historisches Lernen**

Bei PrimarWebQuests handelt es sich um ein didaktisches Konzept für internetbasiertes Lernen, in dessen Rahmen sich die Funktionen des Internets im Geschichtsunterricht optimal nutzen lassen. Das Internet dient dabei als Informationsquelle und Recherchemedium, als Kommunikationsmedium und auch als Medium zur Veröffentlichung und Dokumentation von Arbeitsergebnissen. Das Lernen mit PrimarWebQuests knüpft an andere handlungsorientierte Unterrichtsmethoden im Geschichtsunterricht, wie z. B. Rollenspiele oder Simulationsspiele, an. Deshalb eignen sich PrimarWebQuests besonders gut für historische Themen und Fragestellungen.

- **Förderung intrinsischer Motivation**

Insgesamt ist der Unterricht mit PrimarWebQuests sehr schülerzentriert. Dies bedeutet auch, dass die Kommunikation hauptsächlich zwischen den SchülerInnen abläuft. Durch das selbstständige Arbeiten an den Aufgaben und durch das Arbeiten in Kleingruppen am Computer steigt die Wahrscheinlichkeit selbstgesteuerter Motivationsprozesse.

- **Fehler sind erlaubt**

Das PrimarWebQuest-Modell folgt dem lerntheoretischen Paradigma des gemäßigten Konstruktivismus. Das bedeutet, dass die Arbeits- und Lernprozesse beim Lernen mit PrimarWebQuests weitgehend durch die SchülerInnen selbst organisiert und durch die LehrerInnen nur begleitend unterstützt werden. Deshalb können die SchülerInnen bei der Aufgabenbearbeitung auch Fehler machen, ohne dass die LehrerInnen sofort einschreiten. Aus der Reflexion der Fehler ist ein höherer Lernzuwachs möglich, als durch die ständige Unterbrechung und Anleitung durch die LehrerInnen.

- **Förderung von Medienkompetenz**

Ein wesentlicher Punkt der PrimarWebQuests, der zur Förderung der Medienkompetenz beiträgt, ist die Präsentation der Arbeitsergebnisse. Die SchülerInnen lernen ihre Ergebnisse anschaulich aufzubereiten und vorzutragen. Sie üben sich auch im Umgang mit Textverarbeitungsprogrammen und SocialMedia-Software.

- **Förderung von Sozialkompetenz**

Die Arbeit am PrimarWebQuest erfordert und fördert die soziale Kompetenz der SchülerInnen. Auf inhaltlicher, organisatorischer, sozialer und kommunikativer Ebene müssen sie sich während der Arbeit mit den anderen Gruppenmitgliedern auseinandersetzen. Nur ein gutes Teamwork mit einer engen Zusammenarbeit führt zu einem erfolgreichen Abschluss der PrimarWebQuests in der vorgegebenen Zeit.

8 Was (neben den Inhalten) noch über die Medien vermittelt wurde

- **Schnelles Erfassen von Informationen**

Die SchülerInnen lernen mit Textquellen aus dem Internet umzugehen. Neben der reinen Textinformation bestehen Webseiten aus einer Vielzahl von anderen Objekten, die die Aufmerksamkeit der SchülerInnen ablenken. Die SchülerInnen müssen nun eigene Strategien entwickeln, um dennoch möglichst schnell geeignete Informationen für die Lösung der Arbeitsaufgaben aus den Webseiten herauszufiltern.

- **Arbeitstechniken einer Internet-Recherche**

Die SchülerInnen erlernen und üben durch den Umgang mit den ausgewählten Webseiten die wesentlichen Arbeitstechniken einer Internet-Recherche. Ein wesentlicher Lerneffekt dabei ist auch die Erkenntnis, dass das Internet nicht die einzige und schon gar nicht immer die beste Informationsquelle ist. Dadurch, dass ihnen weitere Quellen, wie zum Beispiel Bücher zur Verfügung gestellt werden, erkennen die SchülerInnen, dass das Internet nur eine von vielen Informationsquellen ist.

- **Verbesserung des Textverständnisses**

Fast automatisch unterlassen die SchülerInnen bei der Arbeit mit dem Computer das sonst so übliche Wort-für-Wort-Übersetzen einzelner Sätze zugunsten eines kursorischen oder suchenden Lesens. Dies schult zum einen das Globalverständnis, gleichzeitig aber auch das immer wichtiger werdende Filtern relevanter Informationen.

- **Medienkompetenz**

Durch den verstärkten Einsatz der PrimarWebQuests im Unterricht und der damit verbundenen intensiven Computer- und Internetnutzung erweitern die SchülerInnen ihre Fähigkeiten, Fertigkeiten und Kompetenzen im Bereich der neuen Informations- und Kommunikationstechnologien (IKT).

- **Sozialkompetenz**

Durch kooperative und kollaborative Zusammenarbeit in unterschiedlichen Sozialformen (Tandem, Kleingruppen, Klassenverband), welche durch die Aufgabenstellungen in den PrimarWebQuests vorgegeben sind, werden Team-, Kritik- und Kommunikationsfähigkeiten vermittelt.

PrimarWebQuests alleine sind sicherlich weder die ultimative Lösung für Lernprobleme noch können sie herkömmliche Lernmethoden vollständig ersetzen. Ich bin jedoch der Ansicht, dass sich durch eine gezielte Mischung aus klassischem Präsenzlernen und der PrimarWebQuest-Methode ein besserer Unterricht erreichen lässt.

9 Arbeitsauftrag 2

Als 2. Arbeitsauftrag sollten wir den Text zur Medienkompetenz von Dieter Baacke – Im Datennetz lesen. Medienkompetenz (nicht nur) für Kinder und Jugendliche als pädagogische Herausforderung. – und anschließend einen individuellen Text erarbeiten, der folgende Fragen beantwortet:

- Welche Aspekte gehören nach Baacke zur Medienkompetenz?

- Welche von diesen Aspekten wurden von Ihnen während des Medieneinsatzes, den Sie als Antwort auf die erste Aufgabe beschrieben haben, berücksichtigt? **Die Aspekte, welche in meinem Beispiel „PrimarWebQuests – Schnitzeljagd im Internet" berücksichtigt werden, werden zur besseren Erkennbarkeit farblich anders dargestellt.**

Vorgehen:

- Lesen Sie zunächst den Text zur Medienkompetenz von Baacke.

- Formulieren Sie anschließend Ihren Text mit den oben angeführten Punkten.

Ergebnis: Der Seitenumfang des geschriebenen Textes sollte nicht über 2 A4 Seiten hinausgehen.

Begründung: Durch diese Aufgabe lernen Sie den Medienkompetenzbegriff als Schlüsselbegriff der Mediendidaktik kennen. Durch die Analyse des eigenen Beispiels lernen Sie zugleich eine Möglichkeit der Anwendung des Medienkompetenzbegriffs kennen.

Kriterien: Diese Aufgabe ist sehr gut bewältigt, wenn das eigene Beispiel mit den von Baacke formulierten Aspekten der Medienkompetenz analysiert wurde und dabei richtig erkannt wurde, welche Aspekte im Beispiel enthalten waren und welche nicht berücksichtigt wurden.

Zeitrahmen: Die Lektüre des Textes sollte nicht mehr als 2 Stunden in Anspruch nehmen. Die Zusammenstellung der Aspekte und die Analyse des eigenen Beispiels sollte nicht mehr als 10 Stunden in Anspruch nehmen.

10 Medienkompetenz nach Baacke

Medienkompetenz bezeichnet nach Dieter Baacke die Fähigkeit, Medien und die durch Medien vermittelten Inhalte den eigenen Zielen und Bedürfnissen entsprechend effektiv nutzen zu können.

Kernaussagen dieser anerkannten Definition sind:

- Alle Arten von Medien sollen erkannt und genutzt werden;

- Man soll selbst und aktiv in der Medienwelt tätig werden und sich eine Orientierung in der Medienwelt aufbauen;

- versuchen einen Zugang zu den Medien zu finden aber gleichzeitig eine kritische Distanz zu den Medien beizubehalten.

Die 4 Dimensionen der Medienkompetenz nach Baacke

Medienkompetenz wird nach Baacke in die vier Dimensionen Medienkunde, Medienkritik, Mediennutzung und Mediengestaltung gegliedert, welche jeweils Unterdimensionen enthalten.

10.1.1 Medienkritik

Medienkompetenz umfasst die Fähigkeit zur Medienkritik. Hier wird der kritische Umgang mit Medien angesprochen. Diese Medienkritik muss in dreifacher Weise gesehen werden.

1. Problematische gesellschaftliche Prozesse sollten *analytisch* erfasst werden können.

2. Das analytische Wissen sollte jeder Mensch *reflexiv* auf sich und sein Handeln anwenden können.

3. *Ethisch* ist die Dimension, die eigenes Denken und Handeln sozial-verantwortlich ausrichtet.

Durch den Einsatz von PrimarWebQuests führen die SchülerInnen mit den unter (fach-)didaktischen Gesichtspunkten ausgewählten Webseiten eigenverantwortliche Internet-Recherchen durch, analysieren, bewerten und strukturieren das Material. Ein wesentlicher Lerneffekt dabei ist die Erkenntnis, dass das Internet nicht die einzige und schon gar nicht immer die beste Informationsquelle ist. Dadurch, dass ihnen weitere Quellen, wie zum Beispiel Bücher zur Verfügung gestellt werden, erkennen die SchülerInnen, dass das Internet nur eine von vielen Informationsquellen ist. Im Idealfall werden den SchülerInnen Internetressourcen im PrimarWebQuest zur Verfügung gestellt, die unterschiedliche qualitative Aussagen über das historische Thema machen. Damit sollen die SchülerInnen lernen die „wissenschaftliche" Qualität der Internetressourcen zu beurteilen. Die SchülerInnen erleben dabei einen „Aha-Effekt", wenn sie beispielsweise feststellen: „Im Wikipedia-Artikel fehlen ja die Quellenangaben"; oder: „Das stimmt ja gar nicht, was auf www.sagen.at steht, in den Büchern steht ja ganz was anderes".

PrimarWebQuests decken, meiner Ansicht nach, den Punkt Medienkritik damit optimal ab.

10.1.2 Medienkunde

Neben die Medienkritik tritt die Medienkunde, die das Wissen über heutige Medien und Mediensysteme umfasst.

1. Die *informative* Dimension umfasst klassische Wissensbestände wie z. B. Wie funktioniert ein duales Rundfunksystem? oder Wie kann ich einen Computer für meine Zwecke effektiv nutzen? Dies sind typische Inhalte der informativen Dimension der Medienkunde.
2. Die *instrumentell-qualifikatorische* Dimension meint die Fähigkeit, die neuen Geräte auch bedienen zu können, wie z. B. den korrekten Umgang mit Computerprogrammen.

Im ersten Schritt erhalten die SchülerInnen in einer eigenen Unterrichtseinheit eine allgemeine Einführung in die PrimarWebQuest-Methode durch die LehrerInnen in Form eines Vortrags. Weiters wird ihnen dabei vermittelt, wie Internetseiten aufgebaut sind, damit sie sich anschließend selbstständig in den vorstrukturierten Seiten orientieren, zielgerichtet suchen und navigieren können. Damit die SchülerInnen die in den PrimarWebQuests angebotenen Wissensüberprüfungen durchführen können, wird ihnen die Funktionsweise und der Umgang der interaktiven Online-Übungen (Kreuzworträtsel, Lückentexte, Drag&Drop- und MultipleChoice-Übungen) vermittelt. Auch die Funktionsweise und der korrekte Umgang mit dem schuleigenen Wiki (SocialMedia-Software) werden ihnen vermittelt, damit sie ihre Arbeitsergebnisse in dieses Wiki übertragen können.

Auch der Punkt Medienkunde wird, meiner Ansicht nach, durch PrimarWebQuests optimal abgedeckt.

Während sich die Medienkritik und die Medienkunde verstärkt mit der Vermittlung von Medienkompetenz beschäftigen, richtet sich das Augenmerk bei den Dimensionen Mediennutzung und Mediengestaltung auf die Zielorientierung, d.h. das Handeln der Menschen.

10.1.3 Mediennutzung

Innerhalb der Mediennutzung bezieht sich Baacke auf zwei Aspekte. Erstens der Aspekt des Anwendens (rezeptiv) und zweitens auf den Aspekt des Anbietens (kreativ).

1. *rezeptiv, anwenden:* Bezüglich des Anwendens wird eine so genannte Programm-Nutzungskompetenz vorausgesetzt. Medien aller Art können zur Informationsgewinnung, zum Wissenserwerb ebenso genutzt werden wie zur Unterhaltung und zur Entspannung
2. *interaktiv, anbieten:* Auf der anbietenden Seite steht die Nutzung von Interaktiven Medien im Vordergrund. Durch die ständige technische Weiterentwicklung stehen immer mehr interaktive Medien zu Verfügung

Die SchülerInnen surfen innerhalb der in den PrimarWebQuests vorgegebenen Internetseiten und lesen und analysieren die dort enthaltenen Informationen und schreiben herausgearbeitete Vortragsstichpunkte auf Notizzettel nieder. Weiters lesen und analysieren sie auch die vorgegebenen Textquellen aus den Büchern der Schulbibliothek und schreiben auch hier herausgearbeitete Vortragsstichpunkte auf Notizzettel nieder. Anschließend schreiben die SchülerInnen mit Hilfe der Vortragsstichpunkte eigene Texte für die abschließende Präsentation im Textverarbeitungsprogramm Word nieder. Die

SchülerInnen nutzen die in den PrimarWebQuests integrierten interaktiven Kreuzworträtsel, Lückentexte, Drag&Drop- und MultipleChoice-Übungen zur selbstständigen Wissensüberprüfung. Die SchülerInnen übertragen für die Abschlusspräsentation die Word-Texte in das schuleigene Wiki.

Auch der Punkt Mediennutzung wird, meiner Ansicht nach, durch PrimarWebQuests wieder optimal abgedeckt.

10.1.4 Mediengestaltung:

Auch diese Dimension lässt sich wieder auf zwei Aspekte unterteilen

1. *innovativ:* Der innovative Aspekt bezieht sich auf Veränderungen, Weiterentwicklungen des Mediensystems

2. *kreativ:* Der kreative Aspekt befasst sich mit kreativen Gestaltungen, die über die Grenzen des jeweiligen Mediensystems hinausgehen.

Für die Abschlusspräsentation der Arbeitsergebnisse gestalten die SchülerInnen ihre eigene Wiki-Seite, indem sie die übertragenen Word-Texte formatieren und Bilder zur grafischen Gestaltung hinzufügen.

Beim Punkt Mediengestaltung wird durch den Einsatz von PrimarWebQuests nur der kreative Aspekt abgedeckt. Durch die Nutzung des im Wiki enthaltenen Diskussionsforums bzw. der Feedbackmöglichkeit könnte auch der innovative Aspekt abgedeckt werden.

11 Arbeitsauftrag 4

Eine weitere Aufgabenstellung lautete:

1. Den Text „Bildung und Erziehung durch und mit neuen Medien," von Norbert Meder und Christian Swertz lesen und die 7 Aussagen den passenden Begriffen zuordnen.

2. Die erworbenen Erkenntnisse auf die von uns gewählte Unterrichtssituation aus Aufgabe 1 widerspiegeln.

Kriterien: Diese Aufgabe ist sehr gut bewältigt, wenn alle Zuordnungen richtig getroffen wurden und, wenn eine Rückspiegelung der im Präsenztermin und in den Onlineaufgaben erworbenen Erkenntnisse auf die Unterrichtssituation aus Aufgabe 1 erfolgt ist.

Zeitrahmen: Das Lesen, Zuordnen und Reflektieren sollte nicht länger als 5 Stunden in Anspruch nehmen.

Begründung: Die Aufgabe 2 bildet gleichsam die Grundlage einer Gesamtreflexion des Moduls.

Arbeitsauftrag 4

11.1 Begriffszuordnungen

11.1.1 Problemlösungsautomat

Computer sind als Turingautomaten abstrakte Maschinen ohne Inhalt und daher für die Darstellung der Auseinandersetzung mit Welt in Bildungsprozessen geeignet.

11.1.2 Sprachentwicklungsmaschine

Die Bildungsverhältnisse werden anlässlich der Computertechnologie in sich reflexiv, d.h. es werden nicht nur die drei Verhältnisse, sondern auch ein Verhältnis zu diesen Verhältnissen aufgebaut.

11.1.3 Simulationsmaschine

Die Bildungsverhältnisse können mittels Computertechnologie in virtuellen Räumen experimentell gestaltet werden. Welterfahrung kann so auf die Probe gestellt werden.

11.1.4 Kommunikationsmaschine

Die drei Verhältnisse im Bildungsprozess stehen untereinander in Beziehung. Ausmaß, Reichweite und Schnelligkeit dieser Beziehungen können durch Computertechnologie ebenso beeinflusst werden wie die globale Verständigung.

11.1.5 Bildschirmgestaltungsmaschine

Die Vermittlung der Verhältnisse im Bildungsprozess geht vom Verbalsprachlichen in eine multimediale Sprache über.

11.1.6 Schlüsselloch

In computervermittelten Bildungsprozessen kommt es weniger auf Inhalte als auf die Performanz von Inhalten an. Dadurch wird der Einklang des Selbst mit seiner Darstellung von Gesellschaft und Welt zum Bildungsideal.

11.1.7 Superzeichenmaschine

Die Technologie des Verdeckens und Entdeckens schärft in Bildungsprozessen durch die damit verbundene Selektivität das Bewusstsein der Perspektivität auf Welt.

11.2 Rückspiegelung der im Präsenztermin und in den Onlineaufgaben erworbenen Erkenntnisse auf die Unterrichtssituation aus Aufgabe 1

Durch die in der Präsenzphase und in den Onlineaufgaben erworbenen Kenntnisse fühle ich mich dahingehend bestätigt, dass es eines der wichtigsten Ziele sein muss, Medien im Unterricht einzusetzen, um

1. den Unterricht dadurch zu verbessern, lebendiger und motivationsfördernd zu gestalten und
2. Medienkompetenz, und zwar alle vier Bereiche nach Baacke, zu vermitteln.

Ich bin der Meinung, und diese Meinung wurde mir durch die Analyse (Aufgabe 2) auch bestätigt, dass mir die Erfüllung dieser beiden Punkte durch mein Unterrichtsbeispiel „WebQuest – Schnitzeljagd im Internet" auch gelungen ist.

Doch erst durch diese Aufgabe 2 ist mir klar geworden, wie wichtig es ist, nicht erst im Nachhinein solche Analysen durchzuführen, sondern schon bei der Planung zu überlegen, warum gerade ein bestimmtes Medium besonders gut geeignet ist, um zusätzlich zu den durch den Lehrplan vorgegebenen Lehr-/Lerninhalten auch die so extrem wichtige Medienkompetenz zu vermitteln.

Ebenso ist mir klar geworden, dass Reflexionen ständig stattfinden sollen, denn nur durch diese besteht die Möglichkeit etwas zu verbessern, etwas anders zu machen als beim letzten Mal. Das Reflektieren zu erlernen gehört deshalb auch zu den Kompetenzen, die man den Lernenden so früh als möglich vermitteln sollte. Deshalb muss auch dieser Aspekt bei der Planung eines Unterrichtskonzeptes miteinbezogen werden. Und auch diesen Aspekt habe ich durch den Einsatz von WebQuests in Form von Feedbackrunden und Reflexionsbögen zur Selbsteinschätzung berücksichtigt.

Wie ich auch im internen Wiki schon erwähnt habe, sind aktuelle Ansätze der Mediendidaktik handlungs- und kompetenzorientiert. Auch hier bin ich im Präsenzseminar wieder bestätigt worden. Und auch hier kann ich wieder sagen, dass auch WebQuests diese Handlungs- und Kompetenzorientierung fördern. Die SchülerInnen handeln selbstständig und erwerben durch den Umgang mit dem Internet, unterschiedlicher Software und dem selbstständigen Gestalten von Wiki-Seiten Medienkompetenz und lernen durch diesen Umgang am meisten von und über die eingesetzten Medien.

In diesem konkret von mir umgesetzten Beispiel hatte ich das Glück, dass ich unbewusst (nach Bauchgefühl) die richtigen bzw. passenden Medien gewählt habe.

Durch dieses Modul habe ich nun aber auch die Fertigkeiten und Fähigkeiten erlangt, die es mir ermöglichen, mich nicht mehr auf mein Gefühl verlassen zu müssen, wenn ich den Einsatz von Medien im Unterricht plane, sondern mit Hilfe der erlernten Begriffe analysieren und begründen zu können, welche Medien ich einsetzen muss, um bestimmte Kompetenzen zusätzlich zu den vorgegebenen Lehr-/Lerninhalten vermitteln zu können.